CHANTILLY

CHANTILLY

VISITE

DE

L'INSTITUT DE FRANCE

26 OCTOBRE 1895

ITINÉRAIRE

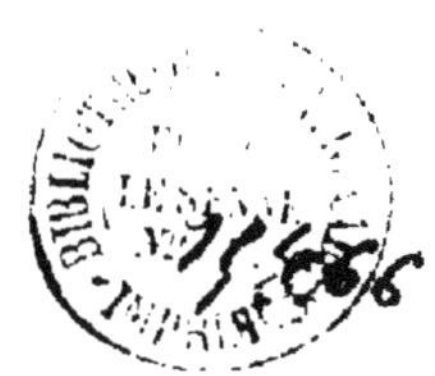

PARIS
LIBRAIRIE PLON
E. PLON, NOURRIT ET Cie, IMPRIMEURS-ÉDITEURS
RUE GARANCIÈRE, 10

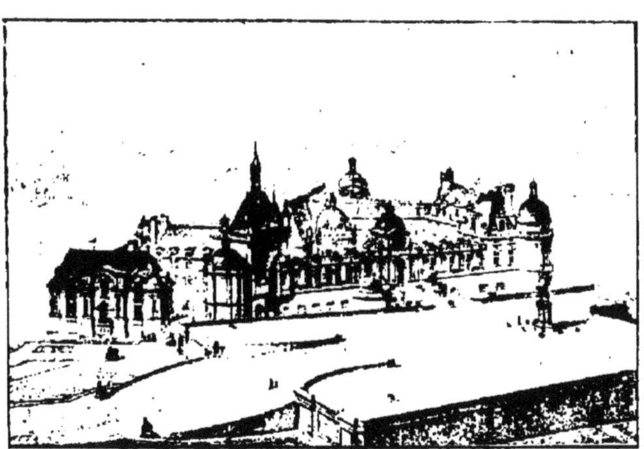

CHANTILLY

ITINÉRAIRE

Avenue de l'**Aigle**.

Carrefour du **Connétable.** — Lions de Guillaume COUSTOU (1703).

La chapelle **Sainte-Croix,** l'une des sept chapelles de Chantilly auxquelles le pape Jules III attacha des indulgences par sa bulle du 28 août 1553. (Deux autres de ces chapelles, **Saint-Sébastien** et **Saint-Jean** existent encore dans le parc du château.)

Les **Grandes Écuries**, construites par l'architecte AUBERT de 1719 à 1735. Les sculptures sont de BRIDAULT.

La cour des **Chenils**. — La cour des **Remises**. — La **Rotonde**, où le prince de Condé donna à souper à l'empereur Paul en 1782. — Le **Manège**.

LE CHATEAU

Le **Petit Château,** ou **Capitainerie,** construit par Jean BULLANT pour le connétable Anne de Montmorency.

La Cour de la **Capitainerie,** ornée de bustes, éclairée par un fanal de galère surmonté de la croix et du petit guidon portant le lion de saint Marc.

GUÉRIN (Gilles) : *Louis XIV terrassant la Fronde.* Groupe en marbre, XVIIe siècle.

VESTIBULE DAUMET

Chasse du 13 septembre 1776. Le cerf pris dans le bassin des Chenils aux Grandes Écuries.

La Chasse de l'empereur Paul (1782). Hallali dans le Grand Canal. Copie du tableau de LE PAON, offert à l'empereur Paul par le prince de Condé.

JADIN : L'*Hallali du cerf aux étangs de Comelle* (1841. Duc d'Orléans).

REZ-DE-CHAUSSÉE

L'appartement de **M. le Duc** (tableaux, boiseries, etc.).

Galeries **Duban** et **Daumet** (vitraux du

XVIe siècle; portraits par LAGNEAU et DUMOUSTIER).

La petite **Singerie** (XVIIIe siècle).

Jardin et vestibule de la **Volière**.

Vestibule du **Roi**.

Salon du **Roi**. — Tapisserie de la « *Tenture des Indes* » (Gobelins).

La **Bibliothèque** (environ 15,000 volumes).

Le cabinet des Plans.

TOUR DU TRÉSOR

Le **cabinet des Médailles** (environ 3,500 médailles et monnaies anciennes, or et argent).

Le **cabinet des Gemmes** (voir plus loin).

Le **Trésor des Chartes** : archives des maison et domaines des princes de Condé, chartes depuis le XIe siècle ; un millier de cartons, complétés par

Le **cabinet des Registres** (comptes, aveux, inventaires, etc. ; 1,500 registres environ).

Le **cabinet des Lettres**. Correspondance des Montmorency, des Condé, etc. Lettres autographes du XVIe au XIXe siècle, réunies en 580 volumes in-folio.

GRAND ESCALIER

Loup, — *Sanglier*, par A. CAIN.

Statue en pied du *duc de Bourbon*, mort en 1830 ; marbre de JONCHERY, d'après le modèle en plâtre de LEMAIRE.

La *Rampe*, dessinée par M. DAUMET, exécutée par MOREAU frères.

Plafond de MAILLART : *L'Espérance tenant le drapeau de la France*.

Torchères d'angle, cariatides, par CHAPU.

Jason domptant le taureau; tapisserie des Gobelins, d'après DE TROY (Rome, 1744). Atelier d'AUDRAN aux Gobelins.

Tapisserie des Gobelins d'après les cartons de BOUCHER.

Bustes en marbre du *prince de Condé* (1814) et de M. d'*Antichamp* (1815), par DESEINE.

GALERIE DE LA CHAPELLE

Anciennes chasubles.

CARTONS

JULES ROMAIN : *Tête de jeune homme.*
RAPHAEL : *Têtes d'apôtres.*
RAPHAEL : *La Vierge et l'Enfant Jésus.*
SÉBASTIEN DEL PIOMBO : *Tête de Christ.*

LA CHAPELLE

(ORATOIRE SAINT-LOUIS. — CHAPELLE DES CONDÉ.)

Fondée au commencement du XIVe siècle par Jean Le Bouteiller, seigneur de Chantilly, et dédiée aux saints Jacques et Christophe. (Bulle du pape Benoît XIII du 4 juillet 1394.) — Reconstruite au commencement du XVIe siècle par Guillaume de Montmorency. (Bulle du pape Léon X du 21 décembre 1515.) — Réédifiée en 1719, puis en 1882 sous le vocable de saint Louis, roi de France, dont la statue (par MARQUESTE) surmonte l'édifice.

Autel de Jean GOUJON, *boiseries* (1548) et *vitraux* (1544), provenant de la chapelle du château d'Écouen.

Urne où sont déposés les cœurs des Condé.

SARAZIN (Jacques): *Mausolée de Henri II,*

prince de Condé (1648-1662); jadis église Saint-Paul-Saint-Louis à Paris.

Peintures murales : le connétable *Anne de Montmorency* et sa femme, *Madeleine de Savoie*. — *Saint Jacques* et *Saint Christophe*.

GRAND VESTIBULE

Tableaux de carreaux de faïence émaillée, par MARSCOT ABAQUESNE, Rouen, 1542; sujets de l'histoire romaine. Provenant du château d'Écouen.

« De bon Roy bon heur. » Buste en bronze de *Henri* IV.

Bustes en marbre de M. le *duc de Bourbon* (par JALEY) et de *Madame Adélaïde d'Orléans* (par DIEUDONNÉ).

Chiens, par GARDET (1894).

Vases de porphyre.

L'APPARTEMENT DE M. LE PRINCE

Créé en 1685-1686. Boiseries de l'époque.

L'ANTICHAMBRE

OUDRY : *Chasse du loup. — Chasse du renard.*

DESPORTES : *Briador. — Baltazar.*

HACKERT : *Le roi de Naples, Ferdinand Ier, chassant le sanglier à Carditello.*

*** : *Le duc d'Enghien* et *le prince de Conti* en habit de chasse (vers 1788).

Petits portraits de *François Ier, François II, Charles IX, duc d'Alençon, Henri IV.*

Henri III tenant le chapitre du Saint Esprit.

Henri IV, émail de POPELIN.

Muséum minéralogique donné au prince de Condé en 1774 par Gustave III, roi de Suède.

4 vases de Chine sur les vitrines.

Vitrines : Vases, jardinières et soupières de Chantilly, — cache-pots et encrier de Sèvres, — 6 vases de Chine, — 2 plats hispano-moresques, — olifant ivoire, — 3 plats et une bouteille, faïence de Rouen.

Ancienne entrée du petit château (jadis séparé par un fossé, et relié par un pont-levis au grand château).

LA SALLE DES GARDES

VAN DYCK : *Le comte de Berghes.*

VAN DYCK : *La princesse de Barbançon.*

(Rapportés des Pays-Bas par le Grand Condé.)

EGMONT (Juste van) : *Le Grand Condé* vers 1660.

Le connétable Anne de Montmorency (émail).

Henri II et *Henri III.*

Henri d'Albret, roi de Navarre (miniature sur vélin).

Louis de Bourbon, duc de Montpensier, — *Jeanne d'Albret,* — *Antoine de Bourbon,* roi de Navarre, — *Jean de Bourbon,* comte d'Anguien, — émaux de LÉONARD LIMOUSIN.

Table du « cep de vigne »; devise du connétable Anne de Montmorency; frise de Jean Bullant.

Chaises recouvertes en ancienne tapisserie de Beauvais.

L'*Enlèvement d'Europe,* mosaïque d'Herculanum.

Pendule d'argent, candélabres-enfants, ivoire et argent, par FROMENT-MEURICE.

Espontons d'officier allemand, XVIIIe siècle.

Grand couteau de brèche, travail italien du XVIIe siècle, aux armes du pape Paul V.

Vitrine XLI. — Drapeaux de l'ancienne armée française (régiments de Piémont, Colonel-Général, de la Couronne, de Picardie, Garde Nationale d'Alsace en 1791).

Vitrine XLII. — Armure afghane ; objets arabes et divers.

Vitrine XLIII. — Fanion, armes du duc d'Aumale, etc. Diverses épées et souvenirs du Mexique (1839) et d'Afrique. — Coq du 8e de ligne (1840 à 1848).

LA CHAMBRE

Peintures de HUET.

Dessus de porte de REBELL (*Vues de Vetri* et *de Baïa*).

Grande commode de RIESENER.

Bureau Louis XV.

Console Louis XVI.

Flambeaux en bronze doré Louis XVI.

Canapé, fauteuils et chaises recouverts en ancienne tapisserie de Beauvais.

Statuette en bronze de PRADIER.

Pendule XVIIIe siècle.

Chenets-chimères Louis XIV.

LE GRAND CABINET

Dessus de portes : sujets militaires, XVIIe et XVIIIe siècles.

Canapé, fauteuil et chaises recouverts en ancienne tapisserie de Beauvais.

Lustre Louis XVI.

Pendule et chenets Louis XIV.

Deux consoles Louis XVI.

Henri IV, buste en bronze.

Le *Grand Condé*, bronze de FRÉMIET.

Vase de MARREL. 1847.

LE SALON DES SINGES

Peinture décorative attribuée à WATTEAU.

Écran peint par GILLOT.

Petit mobilier Marie-Antoinette.

Chaise du bailli de Suffren.

Lustre, chenets, pendule et brûle-parfums Louis XVI.

LA GALERIE OU SONT PEINTES LES ACTIONS DE M. LE PRINCE

Suite de tableaux exécutés de 1686 à 1692 par Sauveur LECOMTE :

Arras, Aire et Perpignan (1640-1642). — *Rocroy* (1643). — *Fribourg* (1644). — *Nordlingue* (1645). — *Dunkerque* (1646).

— *Catalogne* (1647). — *Lens* (1648). — *Le blocus de Paris* (1649). — *Besançon* (1668). — *Le passage du Rhin* (1672). — *Seneffe* (1674).

Le *Repentir*, tableau allégorique peint en 1691 par Michel II CORNEILLE.

Trophée : Le *Grand Condé* jeune, par STELLA. — Son médaillon en bronze doré, par COYSEVOX ; signé et daté 1686. — Drapeau d'un régiment wallon pris à Rocroy, 1643. — Fanions des compagnies des princes. — Épée et pistolets du Grand Condé. — Diverses armes des princes.

Turenne et *Condé*, bustes en marbre de Jérôme DERBAIS (1695).

Le *Grand Condé à Fribourg*, biscuit de Sèvres de ROLAND, 1785.

Le *Grand Condé à Fribourg*, terre cuite de DARDEL, 1780.

Grand vase de Sèvres.

Deux consoles italiennes.

Du Guesclin, Bayard, Turenne, Condé, bronzes de DARDEL, 1782-1788.

Bureau du duc de Choiseul.
Table-bureau Louis XV.
Table de BOULLE en marqueterie.
Chenets Louis XIII.

LE SALON DE MUSIQUE

Armoire de BOULLE.
Cartel Louis XV.
Baromètre Louis XVI.
Dessus de porte : combat, XVIIIe siècle.

LA PETITE CHAMBRE (1643)

Pendule Louis XVI.
BONNAT : *Le Duc d'Aumale.*
VERNET (Carle) : *Le Duc d'Orléans* (*Louis-Philippe-Joseph*).
VERNET (Carle) : *Le Duc de Chartres*

(*roi Louis-Philippe*). — Croquis d'après nature, 1787.

Princesse MARIE D'ORLÉANS : *Le Roi Louis-Philippe*, 1835 (dessin).

COSWAY : *La Leçon de musique*. Le duc de Chartres (roi Louis-Philippe), ses frères le duc de Montpensier et le comte de Beaujolais, et sa sœur, Madame Adélaïde (dessin).

MAUZAISE : *Le Roi Louis-Philippe* (dessin).

Duc DE MONTPENSIER : *Le même*, vers l'âge de trente ans (crayon).

M. le duc de Bourbon († 1830) (dessin).

Madame la duchesse d'Orléans († 1821) (aquarelle).

LAMI (Eugène) : *Les Funérailles du roi Louis-Philippe* (aquarelle).

LAMI (Eugène) : *Le Duc d'Orléans* († 1842) (aquarelle).

CABINET DES LIVRES

Environ 13,000 volumes, manuscrits et imprimés sur vélin; premiers monuments de l'imprimerie ; premières éditions des classiques grecs, latins, français, italiens, espagnols, etc. ; livres rares en tous genres.

Vitrine XVI.

Ce Psautier fu saint Loys. Ingeburge de Danemark, reine de France, 1214.

Bréviaire de la reine Jeanne d'Évreux (*circà* 1330).

Les très riches Heures du duc de Berry (*circà* 1395).

Le *Sacramentaire de Lorsch* (XIe siècle), etc., etc.

Exposition de reliures.

Au plafond, les écussons des compagnons d'armes du Grand Condé.

COYSEVOX : *Le Grand Condé*, terre cuite.

GALERIE DES CERFS

Les Chasses de la maison de Guise. Tapisseries des Gobelins, XVIIe siècle ; d'après « les Belles Chasses de l'empereur Maximilien », dessinées par VAN ORLEY. Bordure aux armes et chiffre du comte de Toulouse, grand amiral de France.

Le plafond est décoré des armoiries des familles qui ont possédé Chantilly depuis le XIIe siècle.

BAUDRY : *Saint Hubert* (dessus de cheminée) ; *Diane* et *Vénus* (dessus de porte).

GALERIE DE PEINTURE

L'*Hallali du cerf,* bronze de BARYE.

L'*Hallali du sanglier,* bronze de MÈNE.

Chaises et portière en tapisserie de Beauvais.

Deux *faunes*, marbres antiques.

TABLEAUX

Façade d'entrée.

École française, XVIe siècle : *Gabrielle d'Estrées au bain.*

MAZZOLA : *Amour endormi.*

ROSA (Salvator) : *Pénitent au milieu des rochers.*

CARRACHE (Annibal) : *Amours* (4).

POUSSIN : *Paysage aux Nymphes.*

CARRACHE (Annibal) : *Le Sommeil de Vénus.*

POUSSIN : *Bacchantes.*

SCUOLA MILANESE : *Jésus jardinier* (*Noli me tangere*).

VÉRONÈSE (Paul) : *Mars et Vénus.*

ROSA (Salvator) : *Ermite au fond d'un ravin.*

Façade de droite.

DUGHET (Gaspard) : *Chevrier. Paysage.*

ZIEM : *Eaux douces d'Asie.*

DECAMPS : *Enfants turcs près d'une fontaine.*

NEUVILLE (A. de) : *Combat sur la voie ferrée.*

MEISSONIER : *Les Cuirassiers*, 1805.

DUGHET (Gaspard) : *Vaches. Paysage.*

BONHEUR (Rosa) : *Berger des Pyrénées.*

DUPRÉ : *Coucher de soleil.*

NATTIER (Jean-Marc) : *Mlle de Clermont aux eaux minérales de Chantilly.*

FROMENTIN : *Chasse au faucon en Algérie.*

CHAMPAGNE (Philippe de) : *Le Cardinal Mazarin.*

ROBERT (Léopold) : *Le Lendemain du tremblement de terre.*

GROS : *Les Pestiférés de Jaffa.*

DECAMPS : *Souvenir de la Turquie d'Asie.*

GÉRARD : *Les Trois Ages.*

DELACROIX : *Les deux Foscari.*

CHAMPAGNE (Philippe de) : *Le Cardinal de Richelieu.*

DECAMPS : *Corps de garde turc.*

PRÉVOST (d'après Rigaud) : *Louis XV.*

COROT : *Le Concert champêtre.*

ROSA (Salvator) : *Paysage.*

ROGUET : *Passage du Pô par l'armée française.*

LAMPI : *Impératrice Marie de Russie.*

DROUAIS : *Marie-Antoinette,* dauphine.

LÉPICIÉ : *Portrait d'homme.*

REYNOLDS (Sir Josuah) : *Louis-Philippe-Joseph, duc d'Orléans.*

École française, XVIIIe siècle : *Portrait de femme.*

LARGILLIÈRE : *Mme Lambert de Torigny.*

GRIMOUX : *Comédien*

LANCRET : *Le Déjeuner de jambon.*

DE CORT : *Château de Chantilly en 1781.*

Façade de gauche.

CARRACHE (Annibal) : *La Nuit.*

LE GUIDE (Guido RENI, dit) : *Madone de la paix.*

POUSSIN : *L'Annonciation.*

CARRACHE (Annibal) : *L'Aurore.*

SPADA (Lionel) : *Jésus couronné d'épines.*

POUSSIN : *Sainte Famille.*

POUSSIN : *Numa Pompilius et la nymphe Égérie.*

ROSA (Salvator) : *Portement de croix.*

POUSSIN : *Paysage.*

PALMA VECCHIO : *Vierge au donateur.*

ROSA (Salvator) : *Daniel dans la fosse aux lions.*

ANDREA DEL SARTO (Andrea VANNUCCI, dit) : *Portrait de jeune homme.*

DUGHET (Gaspard) : *Paysage. Environs de Rome.*

LE FATTORE (Fr. PENNI, dit) : *La Vierge de Lorette* (d'après RAPHAEL).

LE GUERCHIN (G. F. BARBIERI, dit) : *Descente de croix.*

CARRACHE (Louis) : *Portrait d'homme.*

ROSA (Salvator) : *Tobie et l'Ange.*

IL CALABRESE (Matheo PRETI) : *Ecce Homo.*

POUSSIN : *Le Massacre des Innocents.*

DANIEL DE VOLTERRA (Daniel RICCIARELLI, dit) : *Le Christ au tombeau.*

PULZONE (Scipione), dit de Gaëte : *Portrait d'homme.*

ROSA (Salvator) : *La Résurrection de Lazare.*

ROSA (Salvator) : *Jérémie tiré de la fosse.*

CIGNANI : *Madone et Enfant Jésus.*

LE GUERCHIN : *Son portrait.*

DUGHET (Gaspard) : *Paysage.*

ROSA (Salvator) : *Paysage.*

GHERARDO DELLA NOTTE (Gérard von

HONTHORST, dit) : *Les Disciples d'Emmaüs.*

LE FRANCIA (Francesco REBOLENI, dit) : *L'Annonciation.*

École siennoise, XVe siècle : *Groupe d'anges dansant.*

LE TITIEN (Tiziano VECELLI, dit) : *Ecce Homo.*

LONGHI (Luca) : *Vierge glorieuse.*

SASSOFERRATO : *Sainte Famille.*

RIGAUD : *Mansart.*

DE TROY : *Le Déjeuner d'huîtres.*

DE CORT : *Le Château de Chantilly en 1781.*

ROTONDE

Sainte Cécile, mosaïque (donnée par Grégoire XVI).

Cave Torquatum, mosaïque d'Herculanum (sol).

Deux cippes en forme d'autel.

Deux statuettes antiques.

La *Jeanne d'Arc* de CHAPU, marbre.

Plafond de BAUDRY : l'*Enlèvement de Psyché*.

Façade de droite.

SIMON : *Quinault* (?) (pastel).

MEISSONIER : *Intérieur d'un atelier d'artiste* (XVIIIe siècle) (aquarelle).

DECAMPS : *Marche de Bachi-Bouzouks* (aquarelle).

DECAMPS : *Cavalerie turque traversant un gué* (crayon noir rehaussé de gouache).

DECAMPS : *Vue d'Hébron en Palestine* (aquarelle).

MARILHAT : *Turcomans en marche ; Asie Mineure* (aquarelle).

SIMON : *Colbert* (pastel).

DELACROIX : *Saint Louis au pont de Taillebourg* (aquarelle).

Façade de gauche.

OSTADE (Adrien) : *Sujet champêtre* (aquarelle).

VAN HUYSUM : *Bouquet de fleurs* (aquarelle).

WATTEAU : *Étude d'homme debout* (sanguine).

BIDA : *Le « Te Deum » sur le champ de bataille de Rocroy* (dessin).

L'empereur Othon le Grand (912 † 973), miniature du temps.

CLOVIO (Giulio) : *Le Christ en croix* (miniature).

École de Sienne, XIIIe siècle : *Resurrexit* (page d'un livre de chœur).

P. VAN LOO : *Bouquet de fleurs* (aquarelle).

REMBRANDT : *Jeune femme* (sanguine).

RUYSDAEL (Jacob) : *Paysage* (plume et aquarelle).

VESTIBULE DU MUSÉE

Grand vase japonais en bronze.

CABINET CLOUET

Façade de gauche.

Catherine de Médicis.
Philippe de Clèves, sire de *Ravenstein.*
Diane de Poitiers.
MIREVELT : *Janus Rutgersius.*
Jean Sans peur, duc de *Bourgogne.*
ALDEGRAVER : *Son portrait.*
Albert de Gondi, duc de *Retz* (1522 † 1602).
Le maréchal d'Aumont (1522 † 1595).
Charles IX.
PORBUS (François) : *Henri IV.*

Henri III.

MIREVELT : *Gilles de Clarges.*

PRIMATICE : *Henri II.*

Philippe de Béthune, comte de *Charost* († 1649).

RIGAUD : *Louis XIV.*

CORNEILLE DE LYON : *Portrait de femme.*

MIREVELT : *Hugo Grotius.*

Henri II d'Albret, roi de Navarre.

École italienne, XVIe siècle : *Gentilhomme florentin.*

Le Chancelier de L'Hôpital (1505 † 1573).

CLOUET (François) : *Gentilhomme.*

LEMASLE : *Tombeau de Sannazar à Pausilippe.*

Odet de Coligny, cardinal de *Châtillon.*

Charles-Quint.

Façade du fond.

LEFEBVRE : *Jean-Claude Chapelle.*

RIGAUD (d'après) : *L'abbé de Rancé.*

Le Premier Président de Bellièvre († 1657).

Portrait d'un artiste, XVIIe siècle.

Nicolas, sieur de *Mollays*.

VAN DYCK : *Guillaume Wolfgang*, comte *de Neubourg*.

Charles XII, roi de Suède.

Le Grand Condé.

Frédéric II, roi de Prusse.

Marie-Louise, grande-duchesse de Toscane.

Marie-Caroline, reine de Naples.

Marie-Thérèse, impératrice d'Autriche.

LE NAIN : *Fagon*, médecin de Louis XIV.

Philippe V, roi d'Espagne.

Henri IV entre Louis XIII et Marie de Médicis.

N. de Koninck.

Le Duc du Maine (1670 † 1736).

Façade de droite.

Portrait de femme, XVIe siècle.

CLOUET (François) : *Hercule-François de Valois*, duc d'*Alençon*.

MORONE : *Portrait de femme*.

Charles-Quint.

Le duc d'Orléans (1640 † 1701).

La Grande Dauphine.

Louis XIV.

Marguerite d'Angoulême, reine de Navarre.

Catherine Bohren, femme de Luther.

Dame espagnole, XVIe siècle.

Éléonore d'Autriche, seconde femme de François Ier.

GRIEF : *Chasse au tigre*.

EGMONT (Juste van) : *Duchesse d'Aumont*.

François Ier, jeune.

CLOUET (François) : *Charles IX*.

CLOUET (François) : *Élisabeth d'Autriche*, femme de Charles IX.

GRIEF : *Chasse à l'ours.*

MORONE : *Gentilhomme à mi-corps.*

Élisabeth de France, reine d'Espagne.

TENIERS : *Le Grand Condé en 1653.*

CLOUET (Jean) : *Henri II.*

PORBUS (Pierre) : *Portrait d'homme.*

CLOUET (François) : *Charles IX.*

École française, commencement du XVIe siècle : *Portrait d'homme.*

CORNEILLE DE LYON : *Portrait de femme.*

Façade de la fenêtre.

LEAR : *Philae. Coucher de soleil.*

LAMBERT : *Vue de Neuilly.*

LAMBERT : *Vue du pont de Neuilly.*

LAMBERT : *Vue du château de Neuilly.*

SALLE CAROLINE

Façade de la porte d'entrée.

LAMI (Eugène) : *Madame la duchesse d'Aumale* (dessus de porte).

SUBLEYRAS : *Le Pape Benoît XIV.*

DUPLESSIS : *Adélaïde de Bourbon-Penthièvre,* duchesse de Chartres (puis d'Orléans). Le vaisseau *le Saint-Esprit* porte le duc de Chartres au combat d'Ouessant.

BOURDON (Sébastien) : *Son portrait.*

DANLOUX : *M. le duc de Bourbon,* mort en 1830.

Charles Gravier, comte de *Vergennes.*

DANLOUX : *Le Comte d'Artois* (aquarelle).

École française, XVIIIe siècle : *Portrait d'homme.*

Façade de droite.

MIGNARD : *Madame de Feuquières.*

École française, XVIIIe siècle : *Naïade.*

GREUZE : *La Surprise.*

École française, XVIIIe siècle : *Portrait d'homme.*

DROUAIS : *Madame de Pompadour.*

GREUZE : *Georgette,* fille de son portier.

LARGILLIÈRE : *Portrait d'homme en pied.*

EVERDINGEN : *Tempête sur le Zuyderzée.*

École française, XVIIIe siècle : *Portrait de femme.*

DUPLESSIS : *Le Comte de Provence.*

GREUZE : *Jeune garçon.*

MIGNARD : *Portrait de femme.*

LARGILLIÈRE : *Mlle Duclos,* rôle d'*Armide.*

GREUZE : *Le Tendre Désir.*

Madame la duchesse d'Orléans, mère du roi Louis-Philippe (dessus de porte).

Façade de gauche.

École française, XVIIe siècle : *François de L'Aubespine*, marquis d'*Hauterive*.

MIGNARD : *La comtesse de La Suze.*

WATTEAU : *L'Attente.*

École française, XVIIe siècle : *Louise-Marguerite de Lorraine*, princesse de *Conti* (1574-1631).

DECAMPS : *Don Quichotte.* Paysage.

NETCHER (C.) : *Henriette d'Angleterre*, duchesse d'*Orléans*, et le duc d'*Orléans*.

NATTIER (Jean-Marc) : *Louise-Henriette de Bourbon-Conti*, duchesse d'*Orléans*, en Hébé.

VERNET (Carle) : *Le duc d'Orléans et son fils aîné, Louis-Philippe, duc de Chartres* (1788).

MIREVELT : *Élisabeth Stuart*, reine de Bohême.

DECAMPS : *Paysage turc.*

DANLOUX : *M. le duc de Bourbon*, mort en 1830.

LARGILLIÈRE : *J.-F. de Troy.*

LARGILLIÈRE : *Gobinet*, recteur de Sorbonne.

WATTEAU : *L'Accord.*

Louis-Philippe-Joseph, duc d'Orléans (dessus de porte).

Façade de la fenêtre.

VANLOO (J.-B.) : *Thomas Corneille.*

MIGNARD : *Henriette d'Angleterre*, duchesse d'*Orléans*, morte en 1670.

NATTIER (Marc) : *Mlle de Nantes*, duchesse de *Bourbon* (1673 † 1743).

École française, XVIIIe siècle : *Portrait d'homme.*

QUESNEL : *Maximilien de Béthune*, duc de *Sully.*

MIGNARD : *Mme des Houlières.*

DE TROY : *L'acteur Poisson en costume de Mézetin.*

SALON D'ORLÉANS

Façade du fond.

BONNAT : *Le Duc d'Aumale.*

JALABERT : *La Reine Marie-Amélie* (1866).

COGNIET (Mlle) : *Madame Adélaïde d'Orléans.*

Façade de gauche.

BRONZINO (Alessandro) : *Sainte Famille.*

BRONZINO (Angiolo) : *Saint François contemplant le Christ.*

LAMI (Eugène) : *Madame la princesse de Joinville* (dessus de porte).

Façade de droite.

PERINO DEL VAGA : *Sainte Famille.*

École de LUINI : *La Nativité.*

Barocci : *La Madonna del Gatto.*

Decaisne : *Madame la duchesse de Nemours* (dessus de porte).

Façade des fenêtres.

Winterhalter : *Le Duc d'Orléans* (roi Louis-Philippe) *à Reichenau.*

Vernet (Horace) : *Le Duc d'Orléans* (roi Louis-Philippe) *au Saint-Gothard* (esquisse).

Delaunay : *Esquisse pour le plafond du grand escalier à Chantilly.*

Le *Grand Condé*, d'après Nanteuil.

La *Reine Marie-Amélie*, statuette en marbre, par Mathieu Meusnier.

Vitrines.

Collections de dessins (cartons rouges), d'estampes (cartons bleus), de portraits dessinés du XVIe siècle (boîtes rouges). —

500 portraits par CARMONTELLE (XVIIIe siècle). — Recueils de portraits et dessins de RAFFET, etc., etc.

SALLE ISABELLE

Façade de droite.

Louis-Philippe, duc d'*Orléans*, 1785 (dessus de porte).

BELLANGÉ :

De quel éclat brillaient dans la bataille
Ces habits bleus, par la victoire usés !

PROTAIS : *Avant le combat.*

DECAMPS : *École turque.*

ANASTASI : *Étangs de Comelle à Chantilly.*

MICHALLON : *Route de Salerne.*

DECAMPS : *Rébecca à la fontaine.*

DECAMPS : *Enfant et mouton.*

BAUDRY : *Amours.*

VERNET (Horace) : *Le Parlementaire et le Medjelès,* environs de Bône, 1834.

RUYSDAEL (Jacob) : *Les Dunes de Scheveningen.*

CHARLET : *Porte-drapeau de la République.*

PROTAIS : *Après le combat.*

MARILHAT : *Syriens en voyage.*

DECAMPS : *Bertrand et Raton.*

DAUZATS : *Les Portes-de-fer.*

DECAMPS : *Porte-étendard turc.*

ANASTASI : *Étangs de Comelle à Chantilly.*

Façade du fond.

LELEUX : *Bûcherons bretons.*

DAUBIGNY : *Le château de Saint-Cloud.*

MEISSONIER : *Dragon sous Louis XV.*

BOILLY : *Le Café Lemblin vers 1817.*

BÉNOUVILLE : *Sainte Claire reçoit le corps de saint François.*

GÉROME : *Le Duel après le bal masqué.*

DELACROIX : *Corps de garde marocain.*

HÉBERT : *La Malaria.*

DUPRÉ (Jules) : *Le port Saint-Nicolas.*

INGRES : *Françoise de Rimini.*

Façade de gauche.

ADRANBACH : *Dans les Abruzzes.*

VERNET (Horace) : *Le duc d'Orléans, 1818.*

Cheval sortant de l'écurie. Le cheval par GÉRICAULT, le palefrenier et le fond par Horace VERNET.

MARILHAT : *Une rue au Caire.*

LEYS : *La Ménagère.*

BAUDRY : *Amours.*

THUILLIER : *Vue d'Auvergne.*

VANDEVELDE : *Marine.*

ANASTASI : *Amsterdam le soir.*

MARILHAT : *Vue de Rosette.*

ROBERT (Léopold) : *La Confidence.*

SCHEFFER (Ary) : *Le Duc de Chartres*, colonel du 1er hussards, 1830.

ROUSSEAU : *Paysage*.

GOYET : *Madame de Montesson* (dessus de porte).

Façade de la fenêtre.

GIRARDET : *Le Labour en Syrie*.

DREUX (Alfred de) : *Dash*, chien du duc d'Aumale.

FONTAINE : *Les Baigneuses*.

ROQUEPLAN : *Vue du Val-Fleury*, près Meudon.

GUDIN : *Le Pont suspendu*, parc de Neuilly.

GUDIN : *Escadre française devant le Tréport*.

LAURENS (Jean-Paul) : *Le duc d'Enghien dans le fossé de Vincennes* (esquisse).

CABINET DU GIOTTO

Façade de droite.

JULES ROMAIN (Giulio PIPPI, dit) : *Dame romaine.*

FRA BARTOLOMEO (BACCIO della Porta) : *La Vierge de Ferry Carondelet* (répétition avec variantes).

CASTAGNO (Andrea del) : *Saint Jean-Baptiste.*

PULZONE (Scipione), dit de Gaëte : *Portrait d'un vieillard.*

GIOTTO : *La Mort de la Vierge.*

FRA ANGELICO (Giovanni da Fiesole, dit) : *Saint Jérôme.*

L'ALBANE (François ALBANI) : *La Madeleine.*

CARRACHE (Annibal) : *Martyre de saint Étienne.*

Façade du fond.

MAZZOLINI : *La Vierge, l'Enfant Jésus et saint Antoine.*

BISSOLO : *La Vierge et l'Enfant Jésus.*

LIPPI (Filippo) : *Adoration des mages.*

École flamande (XVe siècle) : *La Vierge de Miséricorde.*

ANDREA DEL SARTO : *Constantinus de Benedictis.*

GHIRLANDAJO : *Louis de La Trémoille.*

ROSELLI : *La Vierge et l'Enfant Jésus.*

ZENALE : *Vierge en buste.*

École lombarde, XVIe siècle : *La Joconde.*

ALBERTINELLI : *La Madeleine.*

MARCO D'OGGIONE : *Sainte Barbe.*

MURILLO : *Saint Joseph et l'Enfant Jésus.*

Façade de gauche.

CAGNACCI : *L'Enfant Jésus, saint Joseph, saint Jean-Baptiste.*

ROSA (Salvator) : *Tour au bord de la mer.*

POUSSIN : *Léda et le cygne.*

ROSA (Salvator) : *La Tentation.*

ROSA (Salvator) : *Rochers et broussailles.*

Façade de la fenêtre.

ROSA (Salvator) : *Notre-Seigneur aux limbes.*

LE GIORGIONE (Giorgio BARBARELLI, dit) : *La Femme adultère.*

CABINET DES ANTIQUES

Trois statuettes de marbre antiques.

Trois grands vases de bronze grecs.

Coupe sans pied, verrerie polychrome.

Vases et ustensiles de bronze découverts à Pompéi.

Trousseau de strigiles.

Statuettes égyptiennes, etc., etc.

Don Luis de Haro (traité des Pyrénées, 1659), aquarelle.

Le *Maréchal de L'Hôpital,* 1650 (aquarelle).

DAULLÉ (d'après Rigaud) : *Claudius Deshais-Gendron,* 1737 (dessin).

Le *Cardinal Mazarin* (traité des Pyrénées, 1659), aquarelle.

BOUCHER : *Watteau,* 1715 (dessin aux deux crayons, d'après l'original par WATTEAU).

CHAMPAGNE (Ph. de) : *Angélique Arnauld* (1591-1661) (dessin aux deux crayons).

VANDER ULFT : *La place du Damm, à Amsterdam* (1659) (gouache).

DAUZATS : *La place du Gouvernement à Alger.*

LA MINERVE

BAUDRY : *Amours.*

Bacchus et Ariadne, fragment de sarcophage, marbre pentélique.

Vitrine.

La Minerve, bronze grec.

Satyre dansant, bronze grec.

Le Jupiter, bronze grec.

Silène debout, terre cuite de Myrina (Asie Mineure).

Le Vase de Nola (amphore grecque à figures rouges).

Terres cuites de *Tanagra*.

Aiguières de bronze (*Herculanum*).

Dessins.

Poussin : *Diane et Endymion*, d'après l'antique.

Ingres : *L'Archange Raphaël.*

Puget : *Étude* arrêtée pour une statue de *Vénus couchée.*

Mercuri : *Le Roi Louis-Philippe*, 1844.

Calametta : *Le Duc d'Orléans*, mort en 1842 (*ritoccato da* M. Ingres).

26 dessins de Prudhon : *La Fileuse.* — *La Vengeance divine poursuivant le crime.* — *La Pelotonneuse.* — *Joseph et la femme de Putiphar.* — *L'Amour et l'Amitié.* — *La Tyrannie.* — *Académie d'homme.* — *Joseph et la femme de Putiphar.* — *Le Séjour de l'Immortalité.* — *Le Triomphe du consul Bonaparte.* — *Académie de jeune homme.* — *Étude d'enfant* pour le tableau de « Vénus et Adonis ». — *Étude de femme.* — *Le Marquis de Gouvion Saint-Cyr* enfant. — *Le Bain de Daphnis et Chloé.* —

L'Offrande à l'Amour. — La Philosophie. — Les Richesses. — Les Arts. — L'Innocence préférant l'Amour à la Richesse. — L'Abondance. — Le Printemps. — L'Hiver. — L'Été. — L'Automne. — L'Amour et l'Innocence.

LA SMALAH

Façade de droite.

NOEL (Jules) : *Vue du Tréport* (dessus de porte).

DUMOUSTIER : *Louis XIII* (dessin aux crayons de couleur).

Le Grand Condé en 1643, dessin de graveur.

Claude de Mesmes, comte d'Avaux (1595-1650) (dessin aux deux crayons).

DETAILLE : *Taguin,* 16 mai 1843 (dessin).

ANTONELLO DE MESSINE : *Portrait d'homme* (copie de TOURNY, aquarelle).

BELLANGÉ (Hippolyte) : *Le Duc de Chartres* (roi Louis-Philippe) *faisant prêter le serment civique au 14e dragons, à Vendôme,* 1791 (dessin).

DETAILLE : *Le Colonel Lepic à Eylau.* « Haut les têtes ! »

DUMOUSTIER : *Gentilhomme,* époque Louis XIII (dessin aux crayons de couleur).

Mme de Montespan, 1665 (pastel).

Portrait d'un ecclésiastique, XVIIe siècle (pastel).

RAFFET : *Le Général-Duc d'Aumale,* 26 septembre 1842 (aquarelle).

Façade du fond.

PILS : *Zouave* (1858), *Chasseurs à pied* (1860) (aquarelles).

BELLANGÉ (Hippolyte) : *Prise du col de Mouzaïa* (12 mai 1840) (aquarelle).

GIRARDET (Carl), d'après H. Vernet : *Prise de la Smalah* (dessin rehaussé).

LAMI (Eugène) : *Cavalerie* (aquarelle).

VERNET (Horace) : *Le Roi Louis-Philippe, accompagné de ses cinq fils, sortant du palais de Versailles* (copie de PERRAULT).

WOUVERMANS (P.) : *Combat.*

PILS : *Kabyles,* 1864 (aquarelle).

BELLANGÉ (Hippolyte) : *Prise de la Smalah,* 16 mai 1843.

VERNET (Horace) : *Retour de Taguin après la prise de la Smalah* (dessin original).

Façade de la porte.

Gaston, duc d'Orléans (1608-1660) (pastel).

BELLANGÉ (Hippolyte) : *Le Duc de Chartres faisant reconnaître son frère, le duc de Montpensier, comme adjudant commandant.* Montdidier, 1791 (dessin).

GOBAUT : *Bataille de l'Isly. — Combat*

de l'Afroum. — Sidi-Brahim. — Djemaa-Ghazaouat (aquarelles).

OUVRIÉ (Justin) : *Vue de Schaffouse* (dessus de porte).

Mosaïque (renard et canard) aux armes du pape Léon XII.

BELLANGÉ (Hippolyte) : *Échange du cartel. Frontière des Pays-Bas*, 1791 (Picot, comte de Dampierre, duc de Chartres, duc de Montpensier) (dessin).

LAWRENCE : *François Ier, empereur d'Autriche* (1806-1835) (aquarelle).

Façade de la fenêtre

PINGRET : *Ahmar Ben Ferrath,* bach-agha des Ouled-Aiad (1843).

LABOUCHÈRE : *Le Duc d'Aumale assis sous un olivier avec le commandant Durrieu et l'agha Chourar* (1843).

CASEY (Daniel) : *Baba-Ali,* cheval du duc d'Aumale (campagnes de 1840 à 1848).

Le Duc d'Orléans, Régent, à cheval.

Les Enfants d'Orléans et le monument de Spa (1787).

VESTIBULE DU LOGIS

DUMOUSTIER : *Mlle de Fontlebon* (vers 1608).

François Ier, vers 1544.

Prince allemand, 1521.

LÉONARD DE VINCI : *La Joconde* (carton original).

RAPHAEL : *Têtes d'apôtres* (double des cartons d'Hamptoncourt).

RAPHAEL : *Moine* (dessin).

DUMOUSTIER : *Marguerite de Béthune*, duchesse de Rohan (vers 1608).

RUBENS : *Le couronnement de Marie de Médicis*, 13 mai 1601 (aquarelle).

DESGOFFE (Bl.) : *L'Olifant de saint Hubert*.

GALERIE DU LOGIS

PORTRAITS DESSINÉS

(Les Clouet, Thomas de Leu, Antoine Caron, Gourdelle, Quesnel, Lagneau, Dumoustier, etc.)

Première façade de droite.

Crillon (1541 † 1615), par Lagneau.

Marguerite de Lorraine, duchesse de Joyeuse, vers 1584.

Portrait d'homme, par Lagneau.

Charles, comte des Cars, vers 1615.

Portrait de femme, vers 1590.

Portrait d'artiste, vers 1630.

Pernelle de Champagne, dame de Montgommery, vers 1582.

Jacques Blanchard, peintre, 1635.

Marie de Langeac, dame de Lestrange (✝ 1588).

Dona Maria, infante de Portugal (1521 ✝ 1578).

Seconde façade de droite.

Portrait de femme, vers 1535.

Anne d'Este, duchesse de Guise (1531 ✝ 1607).

Barbe Cauchon de Maupas, dame de Duras (✝ 1577).

La même.

Jacques de Savoie, duc de Nemours (1531 ✝ 1585).

Triboulet, fou de François Ier.

Léonore de Saulx, dame de Dinteville, vers 1585.

Portrait d'homme, vers 1630.

Claude de Beaune, Mlle de Châteaubrun (✝ 1568).

Thonin, fou de Henri II, par Guillaume BOUTHELOU.

Gabrielle de Rochechouart, dame de Chassingrimont († 1568).

Paul d'Andoins, vicomte de Louvigny († 1562).

François Ier, vers 1536, d'après Jean CLOUET.

L'archidiacre de Josas, vers 1580.

Troisième façade de droite.

Françoise de Birague, dame d'Aubijoux, vers 1585.

Marie de Luxembourg, duchesse de Mercœur.

Portrait d'homme.

Anne d'Este, duchesse de Guise.

Catherine de Médicis, vers 1549.

Henri de Gondi, archevêque de Paris (1581 † 1651), par DUMOUSTIER.

Anne du Plessis, dame de Mauvoisin, vers 1535.

Henri III, par Antoine CARON.

Henriette de Balzac d'Entragues, vers 1598.

Louise-Marie de Gonzague, reine de Pologne, 1645, par Claude MELLAN.

Madeleine de Mailly, dame de Roye (1512 † 1567).

Marie d'Acigné, dame de Canaple, vers 1545.

La même, vers 1532.

Renée de Rieux, marquise de Nesle (1524 † 1567).

Façade de gauche.

Portrait de femme, vers 1640.

Portrait d'homme, par LAGNEAU.

Le président Barillon, 1616, par DUMOUSTIER.

Anne de Rohan, duchesse de Montbazon, vers 1645.

Portrait d'homme, vers 1590, par LAGNEAU.

Le cardinal de Rohan, 1715 (d'après RIGAUD).

Marie Stuart (?).

Jacqueline de Harlay, marquise de Villeroy, 1610, par DUMOUSTIER.

Portrait de femme, 1624, par DUMOUSTIER.

Anne de Montejean, dame d'Acigné (1500 † 1550).

Pierre Jeannin, vers 1602, par QUESNEL.

Marie Stuart en 1561.

Emmanuel-Philippe de Lorraine, duc de Mercœur (1558 † 1602).

Gabriel-Aldonce de Castelnau, comte de Clermont de Lodève, vers 1630, par DUMOUSTIER.

Portrait d'homme, vers 1595.

Françoise de Longwy, dame de Brion, puis des Cars († 1564).

Plans des anciens domaines de la maison de Condé.

PETITE GALERIE DU LOGIS

Façade de droite.

COINDRE (Gaston) : *L'Hôtel de la division à Besançon,* 1876 (dessin).

COINDRE (Gaston) : *Belfort,* 1877 (dessin).

BELLANGÉ (Hippolyte) : *Le Maréchal de Saint-Arnaud à l'Alma* (dessin).

HUCHTENBOURG (J. van) : *Charge de cavalerie* (dessin).

Vitrine LII. — Vases de Sèvres et de Chine. — Toilette de l'impératrice Marie-Thérèse. — Pipes arabes. — Objets divers.

COINDRE (Gaston) : *Salins,* 1877 (dessin).

Plan de la reprise de Toulon par les Français, 28 frimaire an II.

COINDRE (Gaston) : *A Monfaucon,* 1877 (dessin).

VIANETTI : *Bénévent, place de la Cathédrale,* 18 octobre 1844.

LE PAON (J.-B.), 1738 † 1785 : *Projet de décoration d'une galerie au Palais-Bourbon* (dessin).

Façades du fond.

Le Jeu de loto. 24 vues de Chantilly, XVIIIe siècle (aquarelles).

Petite vitrine : crucifix, statuettes, etc.

PORTRAITS DESSINÉS

Henri IV.

François Ier, 1547.

Henri IV.

Henri Ier de Bourbon, prince de Condé, 1552 † 1588 (copie).

N. d'Orléans-Longueville, comte de Dunois (1626 † 1628), par DUMOUSTIER.

Charles de Lorraine, chevalier d'Aumale (1564 † 1591).

Façade de gauche.

Portrait d'homme, XVIIe siècle.

Louis-Joseph de Bourbon, prince de Condé (1736 † 1818).

Armand de Gontaut, maréchal de Biron, vers 1590.

Portrait du peintre *Peter Lely* (1618 † 1681).

Portrait *d'un prince,* par PORBUS.

Le Général de Malartic, par GUÉRIN.

Louis XIV, par C. VANLOO, d'après RIGAUD.

Le Marquis de Nettancourt-Vaubecourt, par GUÉRIN.

GALERIE DE PSYCHÉ

L'Amour de Cupidon et de Psyché. Fable tirée de l'*Ane d'or* d'Apulée, philosophe de Médaure.

Quarante-quatre vitraux exécutés par ordre du connétable Anne de Montmorency (1542-1544) et par lui placés dans le château d'Écouen. — Les cartons, de l'école de Raphaël, et attribués à Michel Coxie, ont été gravés par le Maître au Dé, puis reproduits en France par Jean Maugin, dit le Petit Angevin (1546), et plus tard par Léonard Gaultier. — Un manuscrit du *Cabinet des livres* réunis à Chantilly par le connétable donne le texte de « trente huitains pour la tapisserie faicte de la fable de Cupido et de Psyché », avec les noms des auteurs; les dix premiers sont de Claude Chappuys, les dix suivants de la Maison-Neuve, les dix derniers de Saint-Gelais (Mellin). —

Deux autres huitains, dont l'auteur est inconnu, sont donnés par le Petit Angevin. Ils prennent place après les vingt premiers et complètent le nombre de trente-deux. Ces trente-deux huitains servent de légende aux quarante-quatre vitraux. Plusieurs sont divisés en quatrains; ces divisions sont indiquées par les lettres A et B. — Les deux vitraux qui correspondent aux huitains anonymes (XXI et XXII) sont de plus grande dimension que les autres.

Effigie en cire du roi Henri IV, par Guillaume DUPRÉ, 1610. — Ancienne gaine Louis XV en plomb doré.

Tenture de tente en velours rouge avec broderies d'or, ayant appartenu au bey de Médéah (1841).

DESSINS ET PORTRAITS DESSINÉS

(La plupart de François CLOUET).

Portrait de femme, vers 1600, par LAGNEAU.

François de Dinteville, évêque d'Auxerre (1498 † 1554).

Sébastien de Luxembourg, vicomte de Martigues († 1569).

Diane de France, duchesse de Montmorency (1539 † 1619).

Le maréchal Pierre Strozzi († 1559).

Jeanne d'Halluin, dame d'Alluye, vers 1547.

Antoine de Bourbon, roi de Navarre (1518 † 1562).

Le cardinal Lorenzo Strozzi (1523 † 1571).

PORBUS (François) : *Projet d'un monument funéraire pour Henri IV*, 1614.

Hercule-François de Valois, duc d'Alençon, vers 1556.

Henri II de Bourbon, prince de Condé, par Ottavio LEONE, 1623.

Marguerite d'Angoulême, reine de Navarre (1492 † 1549). — Original et réplique.

Léonor de La Madeleine, marquis de Ragny, vers 1570.

Jean de Bourbon, comte d'Anguien (1528 † 1557).

Henri d'Albret, roi de Navarre (1503 † 1555).

Charles II, duc de Lorraine, vers 1553.

Jeanne d'Albret, reine de Navarre, vers 1548. — Original et réplique.

Claude de Lorraine, duc de Guise (1496 † 1550).

Petit portrait de femme, vers 1645.

Henri II à cheval.

L'archiduc Albert d'Autriche (1559 † 1621) (aquarelle).

Henri de Lorraine, duc de Guise (1550 † 1588).

François de Lorraine, duc de Guise (1520 † 1563).

JULES ROMAIN : *Repas antique.*
RAPHAEL : *Combat d'enfants.*
VAN DYCK : *Danse d'amours.*
MICHEL-ANGE : *Le Jugement dernier.*

Anne de Montmorency, grand maître de France (1492 † 1567).

Victor Carpaccio, par Jean BELLIN, 1505.

Louis Ier de Bourbon, prince de Condé (1530 † 1569).

Marguerite de France, reine de Navarre (1553 † 1615), par François CLOUET.

Marie de Lorraine, duchesse d'Aumale en 1576.

Jean Bellin, par Victor CARPACCIO, 1505.

Le connétable Anne de Montmorency.

Le même, plus âgé.

Gaspard de Coligny, l'amiral (1517 † 1572).

Portrait de gentilhomme, par DUMOUSTIER (au-dessus de Coligny).

Petit portrait de femme, vers 1645.

Charles IX à cheval, par Antoine CARON.

L'archiduchesse Isabelle († 1621) (aquarelle).

Henri II jeune.

François de Coligny, s^r^ d'Andelot (1521 † 1569).

Madeleine de Mailly, dame de Roye (1512 † 1567).

Marguerite de France, duchesse de Berry, puis de Savoie (1523 † 1574).

Philippe de Montmorency, évêque de Limoges (1496 † 1519), par Jean CLOUET.

Jeanne d'Albret, reine de Navarre, vers 1537.

François de Valois, Dauphin (1518 † 1536), par Jean CLOUET.

Anne de Salm, dame d'Andelot en 1564.

Charles de Cossé, maréchal de Brissac (1506 † 1563).

DELAUNE (Étienne) : *Charles IX sur son trône*. Figures allégoriques.

Les frères Coligny, réplique du dessin de Marc DUVAL.

Mellin de Saint-Gelais (1491 † 1558).

Élisabeth de France, reine d'Espagne (1545 † 1568). Trois portraits l'un au-dessous de l'autre.

Jean Babou, sr de La Bourdaisière († 1569).

Jacques Ricard, dit Galiot de Genouillac (1465 † 1546).

François de Kernevenoy, dit Carnavalet (1520 † 1571).

Antoine d'Aure, vicomte de Gramont d'Aster († 1576).

Charles de Lorraine, cardinal (1525 † 1574).

SANTUARIO

RAPHAEL : *La Vierge de la maison d'Orléans*. Petit panneau *intact*, peint vers 1506. Placé par le Régent dans la galerie du Palais-Royal.

RAPHAEL : *Les Trois Grâces*, imitation du groupe antique conservé dans la cathédrale de Sienne. — Ne peut-on dire plutôt les trois âges de la beauté? — Peint vers 1505; si pur et si frais que l'on distingue encore le coup de brosse du maître. Le paysage rappelle les bords du lac de Trasimène et les environs de Spolète.

LIPPI (Filippino) : *Esther et Assuérus*. Panneau d'un coffre de mariage jadis conservé au palais Torrigiani. Vaste composition sur une très petite échelle ; d'un coloris harmonieux et délicat; ensemble de scènes admirablement groupées et combinées. Renfermé dans le cadre original.

Les *Heures* faites pour Maistre Estienne Chevalier, trésorier général de France, par Jehan FOUQUET, vers 1455. — Quarante miniatures, provenant d'un livre découpé, œuvre du fondateur de l'école française (collection Brentano, de Francfort). — A signaler :

1re miniature. — Très beau portrait d'Étienne Chevalier à genoux, conduit par saint Étienne devant la Mère de Dieu. — Le même se retrouve, vêtu de noir, dans la 17e miniature (*Inhumation du Christ*). — *Adoration des Mages* (8e miniature). « Le très victorieux roy de France, Charles le septième », avec son pourpoint vert garni de fourrures, ses bottes à revers rabattus, son fameux chapeau blanc couronné et surmonté d'un singe. Derrière lui, sans doute ses deux fils, le Dauphin et le duc de Normandie. En ligne, à gauche, les hommes d'armes de la grand'garde du Roi, portant l'uniforme vert, blanc et rouge, le plus ancien des uniformes français. —

28e miniature. *Job étendu sur son fumier,* dans les fossés de Vincennes. — 33e miniature. La foudre disperse les valets du bourreau de Paris, qui tourmentent *sainte Catherine d'Alexandrie*. Au fond, la tour du Temple, et, sur un tertre, le grand gibet de Montfaucon. — 34e miniature. *Le Martyre de sainte Apolline*, représenté en forme de *mystère*, etc., etc. — La *Naissance de saint Jean-Baptiste,* qui rappelle les *Caquets de l'accouchée,* — les juges en robe rouge sur leurs mules; — les brillantes armures dorées des chevaliers, et les beaux chevaux, piaffant, l'encolure haute, avec leurs robes grises soyeuses, comme Rubens les a peintes.

CABINET DES GEMMES

Collection de miniatures, émaux de PETITOT, etc.

Collection de porcelaines de Chantilly.

Éventails Louis XIV, Louis XV, Louis XVI.

Éventail représentant la prise de la Smalah.

VITRINE LXII

LORENZO DI CREDI : *Turris Sapientiæ.*

Presse-papier fait par FROMENT-MEURICE, en mémoire de la donation de Chantilly.

Médaille du duc d'Aumale, par CHAPLAIN.

Médaille offerte au duc d'Aumale à son retour d'exil (1889) par les habitants de Chantilly.

Porcelaines Sèvres, Marseille, Chine.

Objets divers.

TABLES-VITRINES LXIV ET LXVII

Souvenirs de famille et objets divers.

VITRINE LXV

La Grande croix du trésor de Bâle, orfèvrerie allemande des XIIIe et XVe siècles.

L'Ostensoir de Braga, aux armes de Portugal.

Custode cylindrique; travail de Limoges, XIVe siècle.

Ancienne patène.

Coupe de verre émaillé, arabe.

Émaux de LÉONARD LIMOUSIN.

Coupe de girasol et émail.

Petite salière en forme de coupe, cristal de roche. (FROMENT-MEURICE, 1840.)

Trois vases de Chine.

VITRINE LXVI

Armures et épées anciennes.
Vases, tasses et coupes de Sèvres.
Trois bonbonnières Louis XVI.
Trois vases de Chine.

VITRINE LXIX

Plat de faïence italien, le *Jugement de Pâris*, par GUIDO FONTANA, 1539.

Vases de verre, gravés et émaillés.

Épée de M. le duc de Bourbon.

Épée offerte au duc d'Aumale en 1888 (Daumet, Chapu, Chaplain, Froment-Meurice).

VITRINE DES GEMMES

Le Diamant rose, dit le *Grand Condé*.

Émail de Benvenuto CELLINI.

Poignard d'Abd-el-Kader (Smalah).

Poignard et plaque de ceinturon offerts par le bey de Tunis.

Colliers arabes.

Croix de chevalier de la Légion d'honneur du duc d'Aumale (1840).

Croix en diamants donnée par Napoléon Ier au général baron Aymard, alors capitaine, après la bataille de Talavera. (Offerte par sa veuve et son fils, le général baron Aymard.)

PASSAGES DE LA TRIBUNE

Vue de Chantilly vers 1680 (aquarelle).

Vue cavalière du Palais-Bourbon et de l'hôtel Lassay; zinc doré, par CHEVALIER.

Le Duc d'Alençon et *Charles IX* à cheval, par Antoine CARON.

Bas-reliefs de Jean GOUJON, provenant d'Écouen.

Buste antique de *Cicéron*.

Buste en marbre du *duc de Richelieu*, par COYSEVOX, 1700.

Papyrus.

LA TRIBUNE

Commode de RIESENER.

Vase de CLODION.

Façade du collège Henri IV.

REYNOLDS (Sir Josuah) : *Les deux Waldegrave* (légué par Frances, Cᵉˢˢ of Waldegrave).

REYNOLDS le graveur : *Le pont de Sèvres vu de Saint-Cloud.*

SCHEFFER (Ary) : *Le Prince de Talleyrand* (légué par Henry, Lord Holland).

DELAROCHE (Paul) : *Meurtre du duc de Guise.*

PRUDHON : *Nymphe.*

DELACROIX : *Entrée des Croisés à Constantinople* (esquisse).

Façade d'Aumale.

CHAMPAGNE (Philippe de) : *Angélique Arnauld*. 1648.

WATTEAU : *Fête champêtre.*

PRUDHON : *Hommage à la beauté* (esquisse).

VAN DYCK : *Gaston, duc d'Orléans.*

POUSSIN : *Thésée découvrant l'épée de son père.*

MIGNARD : *Le Cardinal Mazarin.*

WATTEAU : *L'Amour désarmé.*

PRUDHON : *Le Sommeil de Psyché.*

Façade du Palais-Royal.

LORENZO DI NICCOLO : *Couronnement de la Vierge.*

LUINI : *Enfant et raisins* (fresque).

MAZZOLINO DI FERRARA : *Ecce Homo.*

LUINI : *Le Sauveur du monde.*

PÉRUGIN : *La Vierge glorieuse.*

FRA ANGELICO : *Saint Mathieu.*

MEMLING : *Jeanne de France,* duchesse de Bourbon. — *Le Christ en croix* (diptyque).

FRA ANGELICO : *Saint Marc.*

LUINI : *Buste de jeune fille* (fresque).

ANSANO (Pietro), dit Pietro di Sano :

Mariage mystique de saint François d'Assise.

ZAGANELLI : *La Vierge glorieuse.*

Façade de Palerme.

BOTTICELLI : *La Vierge et l'Enfant Jésus* (aussi attribué à Filippino LIPPI).

POLLAJUOLO : *Simonetta Vespucci.*

LIPPI (Filippo) : *La Vierge.*

VAN EYCK : *Portraits.*

BOTTICELLI : *L'Automne.*

BOUTS : *Translation de la châsse de sainte Perpétue de Dinant à Bouvignes par Charles le Téméraire.*

École d'Italie, XVe siècle : *Flagellants.*

CORNEILLE DE LYON : *Gabrielle de Rochechouart,* dame de Martigné-Briant (puis dame de Lansac).

PRIMATICE : *Odet de Coligny,* cardinal de Châtillon.

VAN DER WEYDEN (Roger) : *Antoine, grand bâtard de Bourgogne.*

Façade d'Écouen.

INGRES : *Son portrait à l'âge de vingt-quatre ans.*

MIGNARD : *Molière.*

INGRES : *Vénus Anadyomène.*

INGRES : *La Stratonice.*

INGRES : *Madame Devauçay.*

GÉRARD : *Bonaparte,* premier Consul.

Façade de Guise.

HONDEKOETER : *Basse-cour.*

HOLBEIN : *Le réformateur Bugenhagen.*

François Ier.

POT (H.) : *Andries Hooftmann.*

Françoise de Foix, dame de Châteaubriant.

CORNEILLE DE LYON : *Gabrielle de Rochechouart,* dame de Lansac.

École flamande, XVe siècle : *Le cardinal de Bourbon* (1437 † 1488).

Façade de Villers-Cotterets.

Clouet (école de) : *Henri III.*

Clouet (François) : *Jacques de Savoie,* duc de Nemours (1531 † 1585).

Corneille de Lyon : *Portrait d'homme.*

Clouet (école de) : *Catherine de Médicis.*

Clouet (François) : *Jeanne d'Albret,* reine de Navarre.

Corneille de Lyon : *François,* dauphin (1517 † 1536).

Façade de Twickenham.

Vanloo (Carle) : *Jeune femme aux perles.*

Claude de France, duchesse de Lorraine (1547 † 1575).

Corneille de Lyon : *Marguerite de France,* duchesse de Berry, puis de Savoie.

Clouet (François) : *Marguerite de*

France, reine de Navarre (1552 † 1615).

Charles de Cossé, maréchal de Brissac (1506 † 1563).

Henri II.

Michel Montaigne (1533 † 1592).

LE PARC

La **Cour d'honneur.**

La **Herse**.

Les Esclaves de Michel-Ange (copies).

La **Cour du Connétable.**

Statue équestre du *connétable Anne de Montmorency,* par Paul DUBOIS, entourée de bornes du XVIe siècle, relevées dans la forêt de Chantilly.

Chiens et *Cerfs* (4), par Auguste CAIN.

Chimères en pierre, par Guillaume COUSTOU (1703).

Molosses en pierre, par THIERRY (1707).

Le **Grand Degré**, construit par Daniel GITARD en 1663; fleuves et statues dessinés par LE NOTRE en 1682.

Les **Parterres**, créés par LE NOTRE.

Bacchus, Hébé, par DESEINE.

Pluton, Proserpine, par CHAPU.

Le Grand Condé, par COYSEVOX.

Bossuet, par GUILLAUME.

Labruyère, par THOMAS.

Molière et *Le Nôtre,* par Tony NOEL.

Vases en marbre, à têtes de bélier, travail florentin (parc de Chantilly, 1785).

Allées des Philosophes.

Sphinx en terre cuite.

Bacchus et *Silène,* copies de l'antique, XVIIe siècle.

Le **Grand Canal**.

Vases en marbre blanc.

Le **Vertugadin**.

L'Enlèvement de Proserpine par Pluton, groupe en pierre.

Le **Château d'Enghien** (1769-1770).

Flûtiste, *Narcisse*, terres cuites, XVIIe siècle.

Vases en marbre blanc.

Le **Hameau** (1776).

La **Cabotière.**

Le Secret d'en haut, groupe en marbre, par Hippolyte MOULIN.

Sanglier en marbre gris, d'après l'antique.

La Source, statue en pierre, XVIIe siècle.

L'Abondance, statue en pierre, XVIIe siècle.

Cérès, statue en terre cuite, XVIIe siècle.

Bustes en marbre, d'après l'antique (XVIIe siècle).

Chapelles **Saint-Jean** et **Saint-Sébastien** (voir p. 1, chapelle Sainte-Croix).

SILVIE

La maison, la fontaine, l'étang et le parc. — Silvie est le nom que Théophile de Viau donne, dans ses vers, à Marie-Félice des Ursins, duchesse de Montmorency. Condamné à mort en 1623, le poète fut recueilli à Chantilly par la duchesse et caché dans ce coin du parc. — Le Grand Condé fit reconstruire la maison en 1684. — En 1724, Silvie fut le théâtre du roman d'amour de Mlle de Clermont et de M. de Melun.

Cérès et *Bacchus*, marbres du XVIIe siècle.

Flore, terre cuite, XVIIe siècle.

LE RENDEZ-VOUS DE CHASSE DE DREUX

Boiseries du XVIIe siècle, tirées du pavillon de la forêt de Dreux.

Le Comte de Toulouse vers 1695.

Amours de BAUDRY (répliques).

Décoration de GUIFFARD.

Deux consoles de bois doré.

SALLE SILVIE

MERSON (Olivier) : *Théophile à Silvie*, 1623.

MERSON (Olivier) : *Mlle de Clermont à Silvie*, 1724.

PENNE (DE) : *Chasse à courre dans le parc de Silvie*, 1841.

PENNE (DE) : *Hallali dans l'étang de Silvie*, 1874.

ISEMBART (Émile) : *Vue d'Arcier, près Besançon.*

ISEMBART (Émile) : *Sous bois dans le Jura.*

Le grand-duc Wladimir et la *grande-duchesse Marie Paulowna;* Chantilly, 1885.

Meubles de GROHÉ.

Plâtres; esquisses de la princesse MARIE D'ORLÉANS, duchesse de Wurtemberg.

SALLE MARIE-FÉLICE

Les Sciences, tapisserie de Beauvais.

Deux panneaux de tapisserie des Gobelins provenant de la *Suite des nouvelles Indes.*

Esquisses de Paul BAUDRY.

Bonheur du jour, table et guéridon en palissandre, par GROHÉ.

SALLE THÉOPHILE

Suite des tapisseries de la Galerie des Cerfs (*Chasses de la maison de Guise*).

Les Arts, tapisserie de Beauvais.

Bureau de GROHÉ.

Commode en palissandre, de GROHÉ.

Fauteuils et chaises Louis XVI.

DESPORTES : *Fanfaraut* (dessus de porte).

SALLE BOURBON

Grand tapis de billard formant tenture; travail chinois.

Lit impérial; grande tenture jaune brodée d'or; travail chinois.

Grand coffre rectangulaire de laque à fond

noir et à dessins en or à haut relief représentant des coqs et des poules. Travail japonais du XVIᵉ siècle.

Deux cabinets en laque de Chine, anciens.

LE TEMPLE DE VÉNUS

La Vénus Callipyge, d'après l'antique; copie du XVIIe siècle.

L'ILE D'AMOUR (1765)

Aphroditè, d'après l'antique, XVIIe siècle.
Eros, d'après l'antique (Louvre).

LE JEU DE PAUME (1757)

Tente d'Abd-el-Kader. Taguin, 16 mai 1843.

Girouette de Thaza, mai 1841.

Canons en bronze (Mascara, 1835).

Tapis d'Orient.

Le Commerce et l'Agriculture, tapisserie de Beauvais.

Briséis emmenée de la tente d'Achille, d'après J.-M. Vien, Rome, 1781; tapisserie des Gobelins.

Deux chiens de plomb, venant de Twickenham (vers de Pope).

Calèche de chasse des impératrices Joséphine et Marie-Louise, ayant appartenu à la reine Marie-Amélie, dont elle porte le chiffre, donnée au duc d'Aumale par l'impératrice Eugénie.

Grande voiture de gala ayant servi au duc de Bourbon lors du sacre de Charles X.

Harnais et selles (selles du roi Louis-Philippe, du duc d'Aumale, etc.).

Drapeaux de l'armée de Condé au service de Russie.

Table en cèdre (Algérie).

Deux figures de marbre, femmes nues, par BARTOLINI.

Fontaine, haut relief, par M. TRIQUETTI, 1857.

Cinq mosaïques antiques.

Deux statuettes égyptiennes.

Bas-reliefs, par la princesse MARIE D'ORLÉANS.

Buste du *duc d'Aumale*, par Victor VILAIN.

Sur les vitrines, bustes de la reine de Danemark, du roi Louis-Philippe, du duc de Montpensier enfant, du duc d'Enghien, de Louis XVIII, de Henri IV, du roi Louis-Philippe, du prince de Condé, du duc d'Aumale jeune, de la reine des Belges, du duc de Bourbon.

DENIS : *Panorama de Naples.*

BAROCCI : *Apparition de Jésus aux Saintes femmes.*

CARRACHE (Augustin) : *L'Ange Gabriel.*

DELAROCHE (Paul) : *Descente de Croix.*

École italienne : *La Cène.*

HUET : *Cygnes et singes.*

École italienne : *Notre-Seigneur, deux anges et deux saints.*

École française, XVIIe siècle : *Jeunes princes.*

LECHEVALIER-CHEVIGNARD : *Le connétable Anne de Montmorency* et *Madeleine de Savoie* (esquisses des peintures murales de la chapelle).

MARTIN, dit DES BATAILLES : *Siège d'Aire.*

MARTIN, dit DES BATAILLES : *Siège de Wesel* et *Bataille de Seneffe.*

Le Grand Condé vers 1645.

NOUSVEAU : *Campement de nègres.*

SMARGIASSI : *Paysage.*

ATHALIN : *La Croix de Trière.*

X... : *Saint Joseph et l'Enfant Jésus.*

CIMIER (Ponthus) : *Le Valromey.*

MONTÉNARD : *Marine.*

LAMBERT : *Paysage.*

DENIS : *Éruption du Vésuve.*

SMARGIASSI : *Palais de Caserte,* 1833.

LOJACONO : *Les Troupeaux à Mondello.*

Le Prince Ferdinand de Bulgarie passant une revue (aquarelle).

JACQUET (Jules) : Gravure des *Cuirassiers de 1805*, de MEISSONIER.

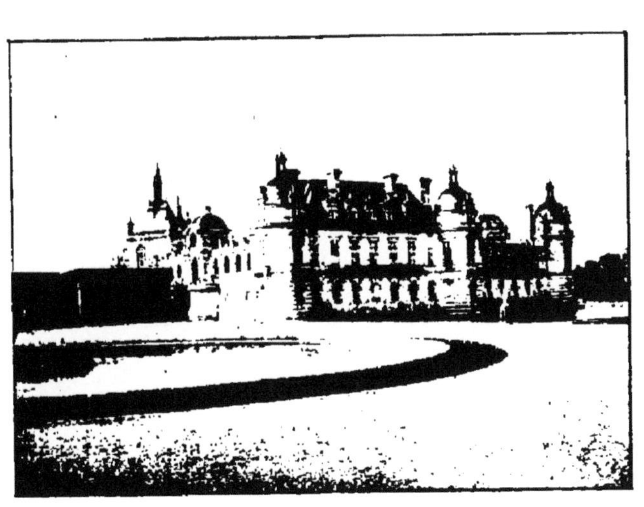

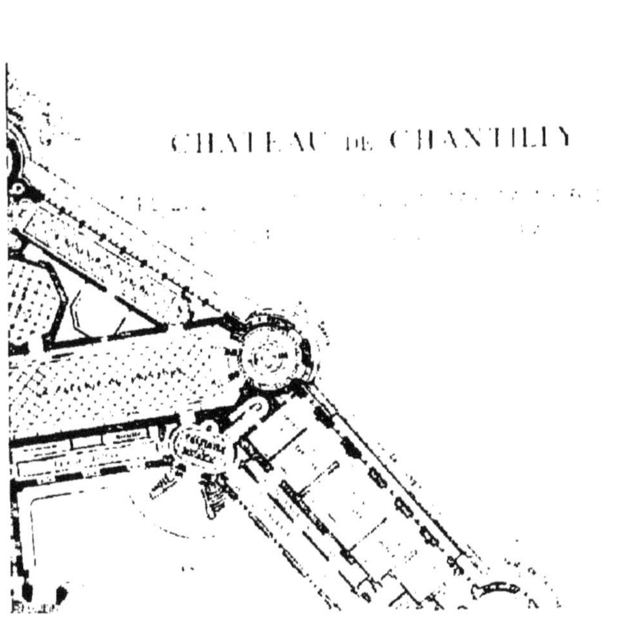
CHATEAU DE CHANTILLY

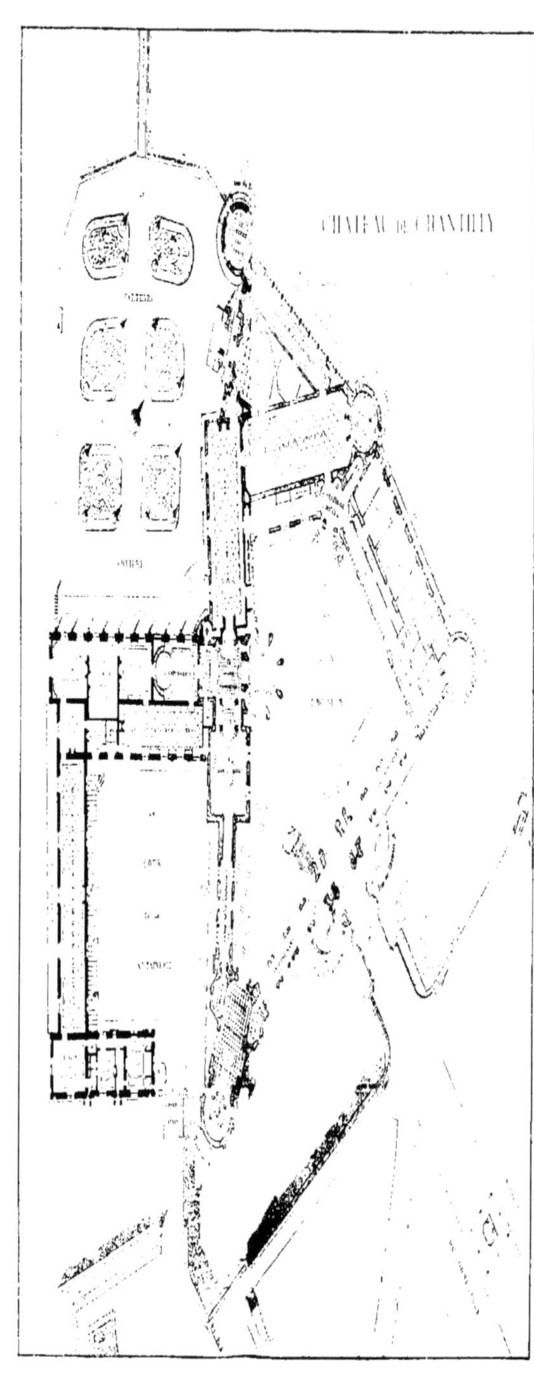
CHATEAU de CHANTILLY

PARIS

TYPOGRAPHIE DE E. PLON, NOURRIT ET Cie

Rue Garancière, 8

www.ingramcontent.com/pod-product-compliance
Ingram Content Group UK Ltd.
Pitfield, Milton Keynes, MK11 3LW, UK
UKHW020925180726
13838UKWH00002B/764

9 782329 313986